Impressum
Verlag: BABADADA GmbH, Nedderfeld 112 , 22529 Hamburg
Geschäftsführer / Verlagsleitung: Harald Hof
Druck: Books on Demand GmbH, In de Tarpen 42, 22848 Norderstedt

Imprint
Publisher: BABADADA GmbH, Nedderfeld 112 , 22529 Hamburg, Germany
Managing Director / Publishing direction: Harald Hof
Print: Books on Demand GmbH, In de Tarpen 42, 22848 Norderstedt

iskola
sikolwa

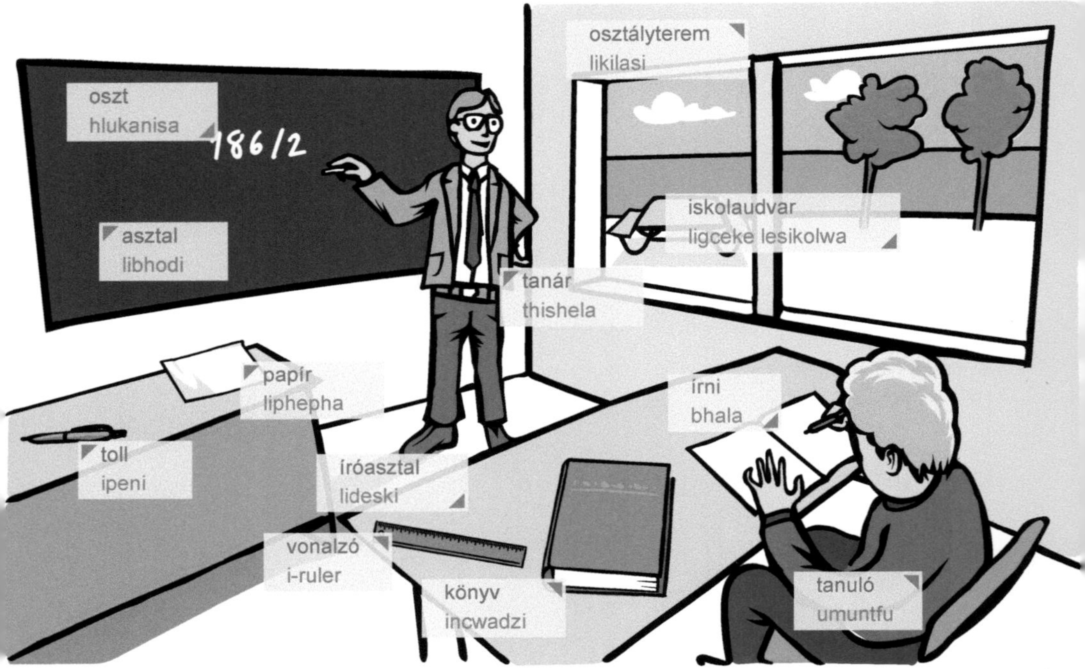

osztálytérem
likilasi
oszt
hlukanisa
186/2
asztal
libhodi
iskolaudvar
ligceke lesikolwa
tanár
thishela
papír
liphepha
írni
bhala
toll
ipeni
íróasztal
lideski
vonalzó
i-ruler
könyv
incwadzi
tanuló
umuntfu

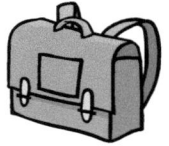

iskolatáska

sikhwama setincwadzi tesikolwa

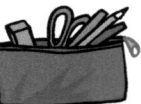

tolltartó

sikhwanyana semapenisela

ceruza

ipenisela

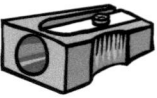

ceruzahegyező

umshini wekulolo ipenisela

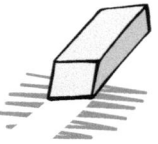

radír

i-rubber

rajzfüzet

intfo yekudvweba

rajz

umdvwebo

ecset

libhulashi lekupenda

festőkészlet

libhokisi lekupenda

olló

tikelo

ragasztó

i-glue

munkafüzet

incwadzi yekutadisha

házi feladat

umsebenti wasekhaya

szám

inombolo

2+2

összead

hlanganisa

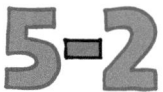

kivon

susa

szoroz

phindzaphidza

számol

bala

betű

incwadzi

ABC

feleba

szó

ligama

szöveg
umbhalo

olvasni
fundza

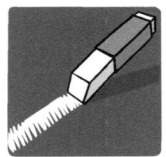

kréta
ishogo

tanóra
sifundvo

napló
i-register

vizsga
sivivinyo sekugcina

bizonyítvány
sitifiketi

iskolai egyenruha
timphahla tesikolwa

oktatás
imfundvo

enciklopédia
i-ensaklopheda

egyetem
inyuvesi

mikroszkóp
sipopolo

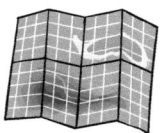

térkép
libalave

papír-hulladék gyűjtő
libhakede lekulahla
emaphepha

utazás
kuhamba

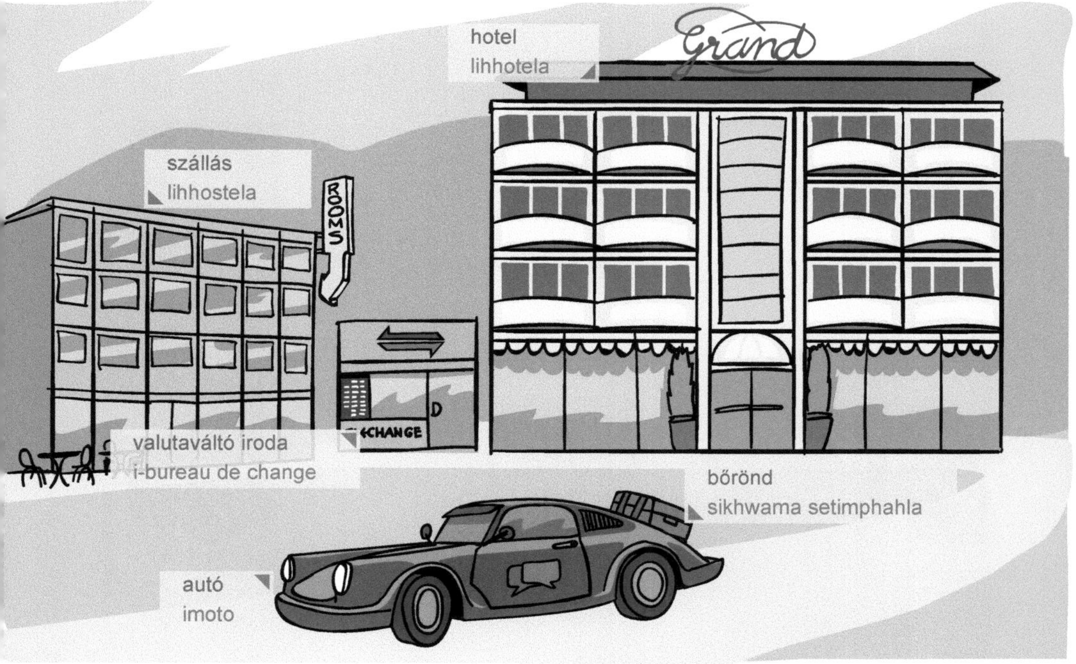

hotel
lihhotela
Grand
szállás
lihhostela
ROOMS
valutaváltó iroda
i-bureau de change
bőrönd
sikhwama setimphahla
autó
imoto

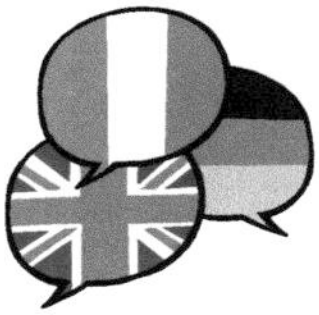

nyelv
lulwimi

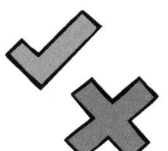

igen/nem
yebo / cha

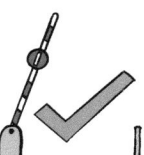

rendben
Kulungile

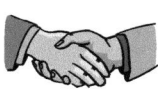

szia
sawubona

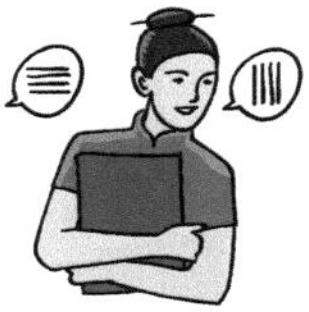

fordító
umhumushi

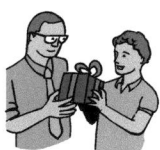

köszönöm
Siyabonga

mennyibe kerül...?

ingumalini i....?

nem értem

angivisisi kahle

probléma

inkinga

Jó estét!

Lishonile!

jó reggelt!

Kusile!

jó éjszakát!

Ulale kahle!

viszontlátásra

sala kahle

útirány

sicondziso

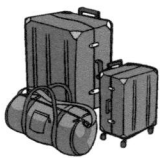

poggyász

umtfwalo

táska

sikhwama

hátizsák

sikhwama lesigacwako

vendég

sivakashi

szoba

likamelo

hálózsák

sikhwama sekulala

sátor

lithende

turista információ

iminiingwane yetivakashi

strand

ibhishi

hitelkártya

likhadi lemali

reggeli

kudla kwasekuseni

ebéd

kudla kwasemini

vacsora

kudla kwantsambama

jegy

lithikithi

lift

i-lift

bélyeg

sitembu

határ

umcele

vám

emakhasimende

nagykövetség

i-embasi

vízum

i-visa

passport

útlevél

ipasipoti

közlekedés
kwetfutsa

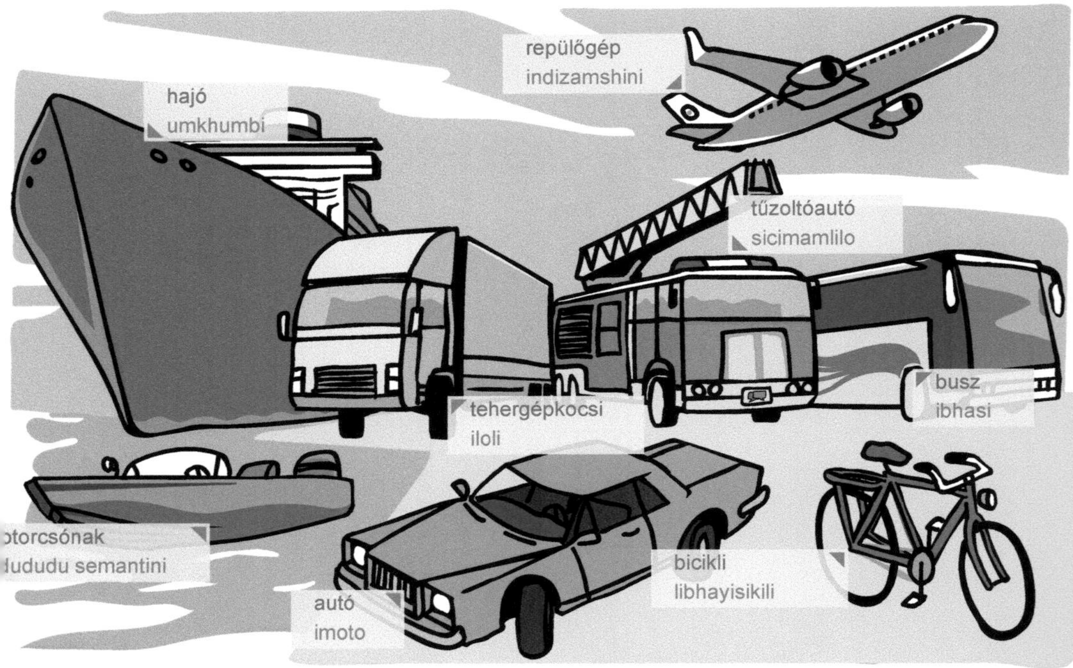

repülőgép
indizamshini
hajó
umkhumbi
tűzoltóautó
sicimamlilo
busz
ibhasi
tehergépkocsi
iloli
otorcsónak
ududu semantini
bicikli
libhayisikili
autó
imoto

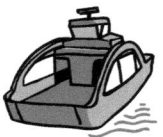

komp
i-ferry

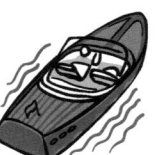

csónak
sikebhe

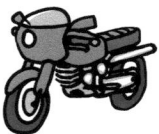

motorkerékpár
sidududu

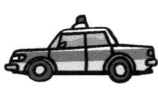

rendőrautó
imoto yemaphoyisa

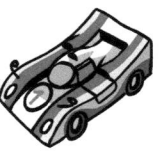

versenyautó
imoto yemjaho

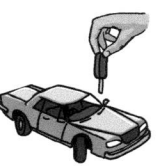

bérautó
imoto yekucashisa

telekocsi

kubolekana imoto

vontató

i-breadown

szemetes autó

iloli yetibi

motor

imoto

üzemanyag

phethiloli

benzinkút

ligalaji laphethiloli

közlekedési tábla

luphawu lwemgwaco

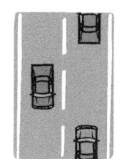

forgalom

incumbi yetimoto

forgalmi dugó

incumbi yetimoto letime emngwacweni

parkoló

ipaki yemoto

vonatállomás

siteshi sesitimela

sínek

imizila

vonat

sitimela

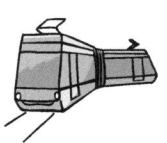

villamos

i-tram

vagon

inkalishi

helikopter

indiza lenaphephela emhlane

repülőtér

sikhungo setindiza

torony

imoto yekudvonsa letibhajiwe

utas

bagibeli

konténer

intfo yekutfwala

kartondoboz

likhathoni

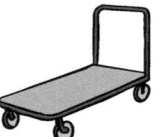

taliga

i-cart

kosár

bhasikidi

felszáll / leszáll

kusuka / kwehla

város

lidolobha lelikhulu

falu

umuti

városközpont

ekhatsi nelidolobha

ház

indlu

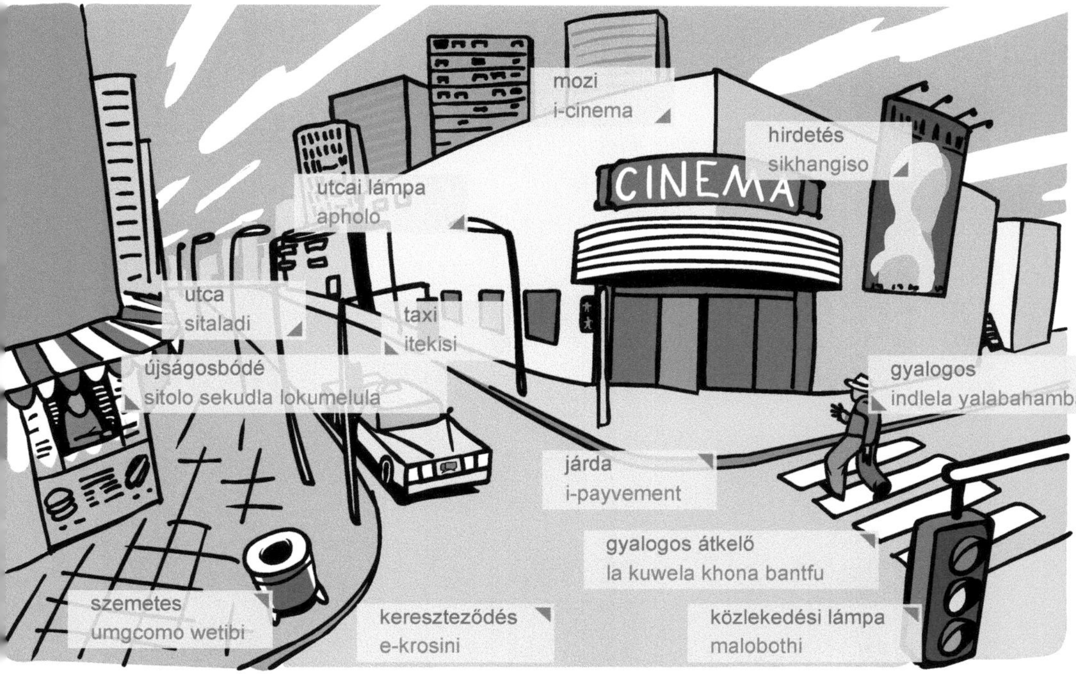

mozi
i-cinema

hirdetés
sikhangiso

utcai lámpa
apholo

utca
sitaladi

taxi
itekisi

újságosbódé
sitolo sekudla lokumelula

gyalogos
indlela yalabahamba

járda
i-payvement

gyalogos átkelő
la kuwela khona bantfu

szemetes
umgcomo wetibi

kereszteződés
e-krosini

közlekedési lámpa
malobothi

kunyhó

gucasthandaze

lakás

lifulethi

vonatállomás

siteshi sesitimela

városháza

lihholwa lasedolobheni

múzeum

imnyusiyamu

iskola

sikolwa

egyetem

inyuvesi

bank

libhange

kórház

sibhedlela

hotel

lihhotela

gyógyszertár

ikhemisi

iroda

lihhovisi

könyvesbolt

sitolo setincwadzi

üzlet

sitolo

virágüzlet

lotsengisa timbali

szupermarket

isuphamakethe

piac

imakethe

áruház

litiko letitolo

halárus

batsengisi betimfishi

bevásárló központ

luchungechuge lwetitolo

kikötő

sikhungo

park

lipaki

pad

libhentji

híd

libhuloho

lépcső

titezi

metró

ngephansi kwemhlaba

alagút

umhume

buszmegálló

siteshi sebhasi

bár

sitolo setjwala

étterem

sitolo sekudla

postaláda

libhokisi leliposi

utcatábla

luphawu lwemgwaco

parkoló óra

umshini lobala sikhatsi
sekupaka

állatkert

i-zoo

uszoda

i-swimming pool

mecset

lisontfo lemasulumane

gazdálkodás	környezetszennyezés	temető
lipulazi	kugcolisa umoya	emathuna

templom	játszótér	szentély
lisontfo	inkhundla yetemidlalo	lithempeli

táj
libala

levél
licembe

útjelző tábla
luphawu lwemgwaco

út
indlela

rét
umshiya

kő
litje

túrázó
lohamba indlela lendze ngetinyawo

fa
sihlahla

folyó
umfula

fű
tjani

virág
imbali

völgy

sihosha

domb

ligcuma

tó

lidanyana

erdő

lihlatsi

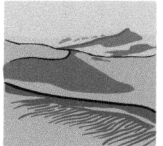

sivatag

lihlane

vulkán

intsabamlilo

kastély

umhlambi wetinkhomo

szivárvány

umushi wenkhosatane

gomba

likhowa

pálmafa

sihlahla semphayini

szúnyog

imbuzulwane

légy

kundiza

hangya

intfutfwane

méhecske

inyosi

pók

sayobi

bogár

inkhubabulongo

béka

sicoco

mókus

chakijane

sündisznó

ingungumbane

nyúl

lolunye luhlobo lwalogwaja

bagoly

sikhova

madár

inyoni

hattyú

i-swan

vaddisznó

ingulube yesiganga

szarvas

inyamatane

rénszarvas

i-moose

gát

lidamu

szélturbina

i-wind turbine

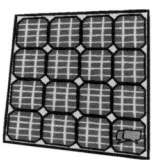

napelem

i-solar panel

éghajlat

simo selitulu

étterem
sitolo sekudla

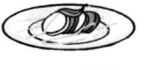

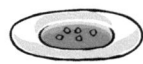

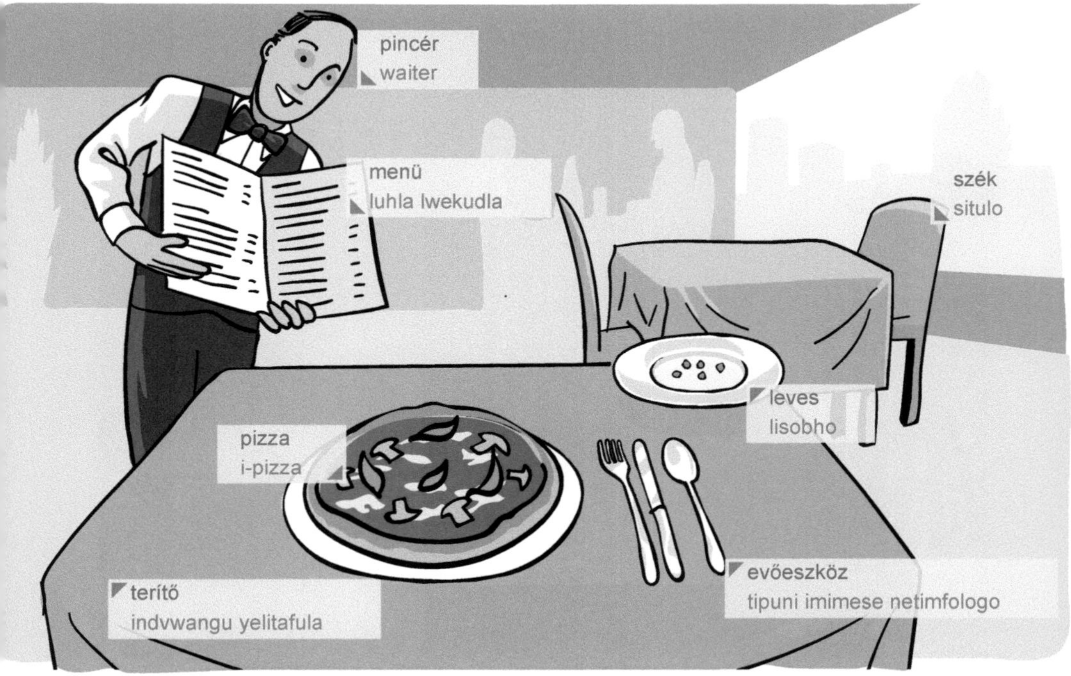
pincér
waiter
menü
luhla lwekudla
szék
situlo
leves
lisobho
pizza
i-pizza
evőeszköz
tipuni imimese netimfologo
terítő
indvwangu yelitafula

előétel

kudla lokusicalo

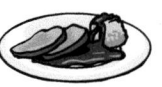

főétel

kudla locinile

desszert

idizethi

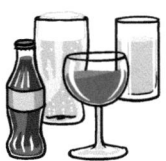

italok

tinatfo

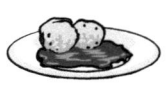

étel

kudla

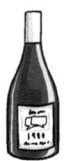

üveg

libhodlela

gyorsétel

kudla lokusheshako

gyorsétel

kudla kwasemngwacweni

teás kanna

ligedlela lelitiye

cukortartó

indishi yashukela

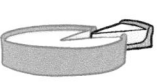

adag

incenye

eszpresszógép

umshini we-espresso

bárszék

situlo lesiphakeme

számla

ibhili

tálca

li-tray

kés

umukhwa

villa

imfologo

kanál

sipuni

teáskanál

sipuni lesincane

szalvéta

ithishu yetandla

pohár

ligilasi

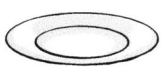

tányér

lipuleti

leveses tányér

lipuleti lelisobho

csészealj

lipringi

szósz

i-sauce

sószóró

libhodvo lasawoti

borsőrlő

i-pepper mill

ecet

niniga

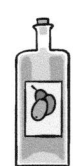

étkezési olaj

emafutsa awoyela

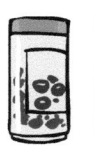

fűszerek

tipayisi

ketchup

i-ketchup

mustár

i-mustard

majonéz

mayonasi

szupermarket
isuphamakethe

különleges ajánlat
lokusendalini
ügyfél
likhasimende
tejtermék
indzawo yelubisi
FOR
gyümölcsök
titselo
bevásárló kocsi
i-trolley

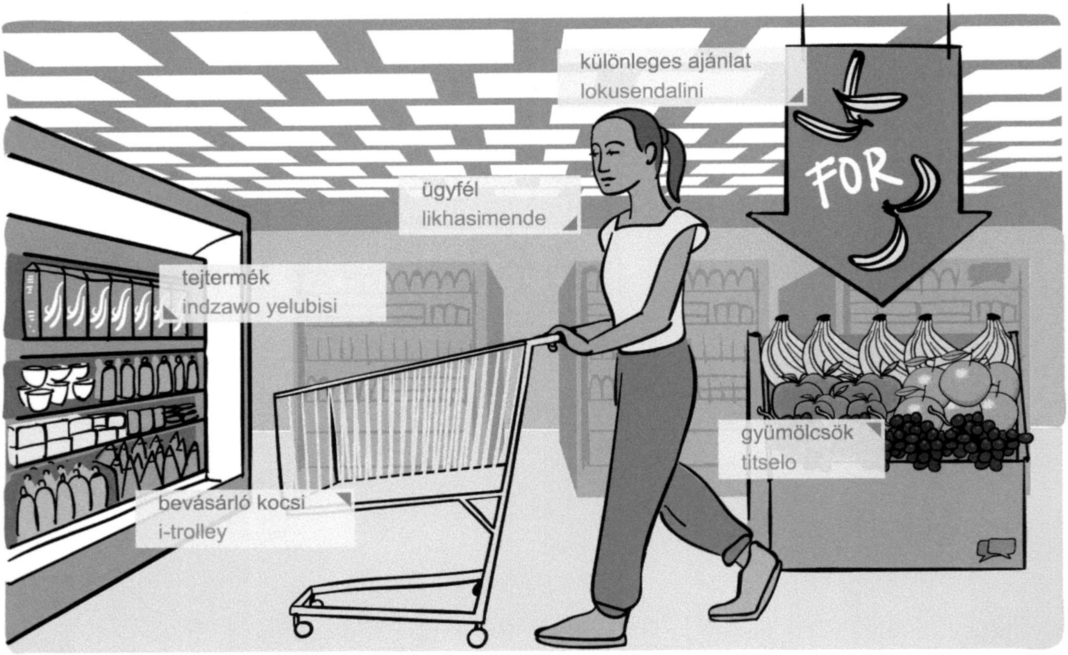

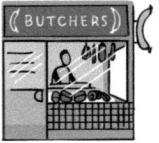

BUTCHERS

hentes

ibhushari

BAKERY

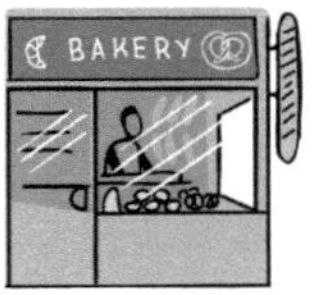

pékség

i-baker

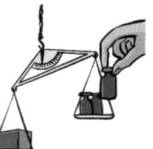

nyom valamennyit

kala

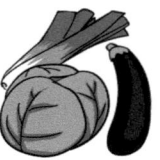

zöldség

tibhidvo

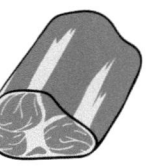

hús

inyama

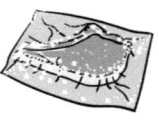

fagyasztott áru

kudla lokucandzisiwe

felvágott

inyama lebandzako

konzerv

kudla likusemathinini

mosópor

insipho yekuwasha

édességek

emaswidi

háztartási termék

tintfo tasekhaya

tisztítószerek

imitsi yekukolobha

eladó

umuntfu lotsengisako

pénztárgép

endzaweni yekubhadala

eladó

umtsengisi

bevásárló lista

luhla lwetintfo tekutsengwa

nyitva tartás

ema-awa ekuvula

levéltárca

sipatji

hitelkártya

likhadi lemali

zacskó

sikhwama

műanyag zacskó

sikhwama seshekhasi

víz

emanti

gyümölcslé

ijuzi

tej

lubisi

kóla

ikhokhi

bor

liwani

sör

ibhiya

alkohol

tjwala

kakaó

ikhokho

tea

litiye

kávé

likhofi

eszpresszó

i-espresso

kapucsínó

i-cappuccino

banán

bhanana

alma

lihhabhula

narancs

liwolintji

sárgadinnye

melon

citrom

ilemoni

sárgarépa

emavondlela

fokhagyma

galiki

bambusz

i-bamboo

hagyma

anyanisi

gomba

emakhowa

magvak

emantongomane

nokedli

ema-noodles

spagetti

sipageti

rizs

lilayisi

saláta

isaladi

sült krumpli

emashibusi

sült burgonya

emazambane lafrayiwe

pizza

i-pizza

hamburger

i-burger

szendvics

isengwishi

hússzelet

inyama lefulawe netimvitsi
tesinkhwa

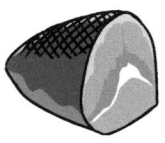

sonka

i-ham

szalámi

isalami

kolbász

livosi

csirke

inyama yenkhukhu

pecsenye

lokufrayiwe

hal

imfishi

zabkása

i-oats

müzli

imusili

kukoricapehely

ema-cornflakes

liszt

fulawa

croissant

ema-croissant

zsemle

sinkhwa

kenyér

sinkhwa

pirítós kenyér

linkhwa lesithosiwe

keksz

emabhisikidi

vaj

bhotela

túró

i-curd

sütemény

likhekhe

tojás

emacandza

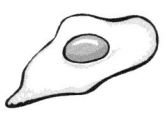

tükörtojás

emacandza lafulayiwe

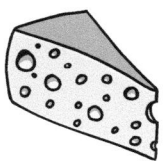

sajt

ishizi

jégkrém

i-ice cream

cukor

shukela

méz

luju

lekvár

jamu

mogyorókrém

shokolethi

curry

ikheri

étel - kudla

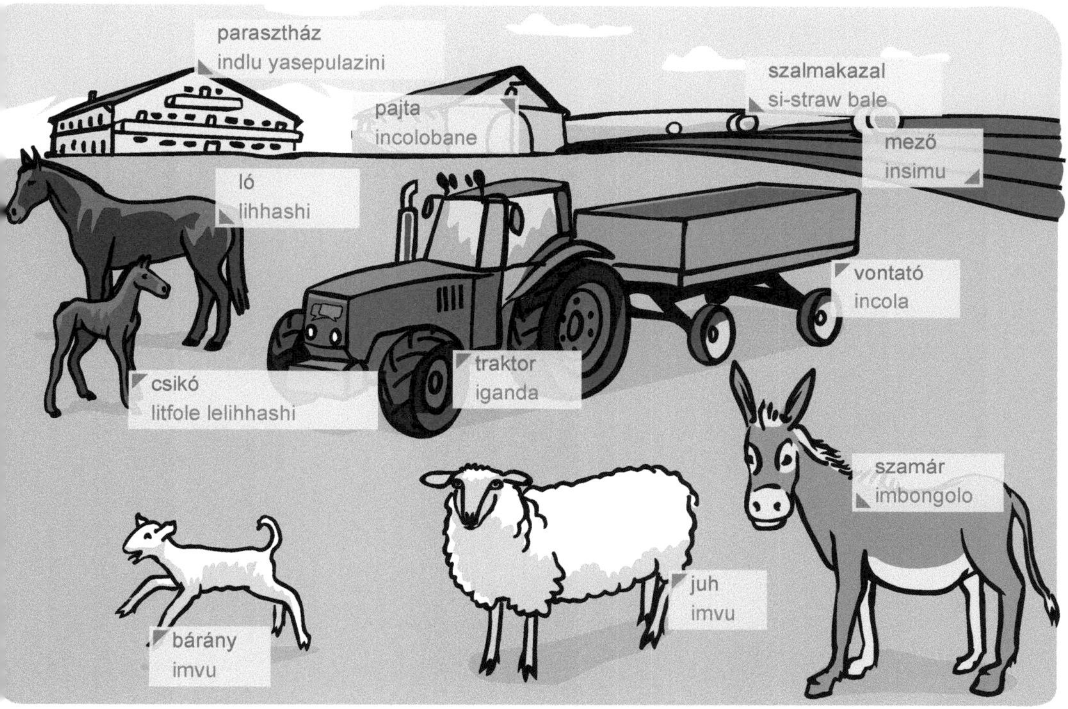

parasztház
indlu yasepulazini

pajta
incolobane

szalmakazal
si-straw bale

mező
insimu

ló
lihhashi

vontató
incola

csikó
litfole lelihhashi

traktor
iganda

szamár
imbongolo

juh
imvu

bárány
imvu

kecske	tehén	borjú
imbuti	inkhomo	litfole

malac	kismalac	bika
ingulube	ingulutjana	inkhunzi

liba

lihansi

kacsa

lidada

csibe

lintjwele

tojó

sikhukhukati

kakas

lichudze

patkány

ligundvwane

macska

likati

egér

ligundvwane lelincane

ökör

inkhunzi

kutya

inja

kutyaház

indlu yenja

kerti öntözőcső

liphayiphi lemanti
asengadzini

öntözőkanna

libhakede lemanti

kasza

i-scythe

eke

likhuba leganda

sarló

lisikela

kapa

likhuba

vasvilla

imfologo yetjani

fejsze

lizembe

talicska

libhala

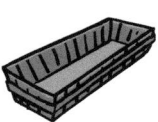

teknő

litrofula

tejes kancsó

iromkani

zsák

lisaka

kerítés

ifenisi

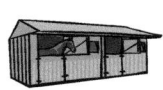

istálló

sitebele

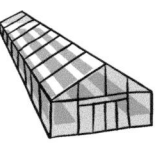

üvegház

indlu leluhlata

talaj

umhlabatsi

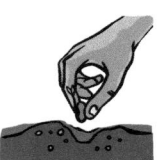

vetőmag

imbewu

trágya

sivundzisi

cséplőgép

bavuni

szüretelni

vuna

betakarítás

sivuno

yamgyökér

i-yams

búza

likhula

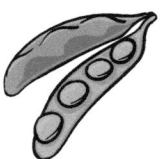

szója

isoyi

burgonya

lizambane

kukorica

sibhuluja sembila

repcemag

i-rapeseed

gyümölcsfa

sihlahla setitselo

manióka

bhatata

gabona

ema-cereals

ház
indlu

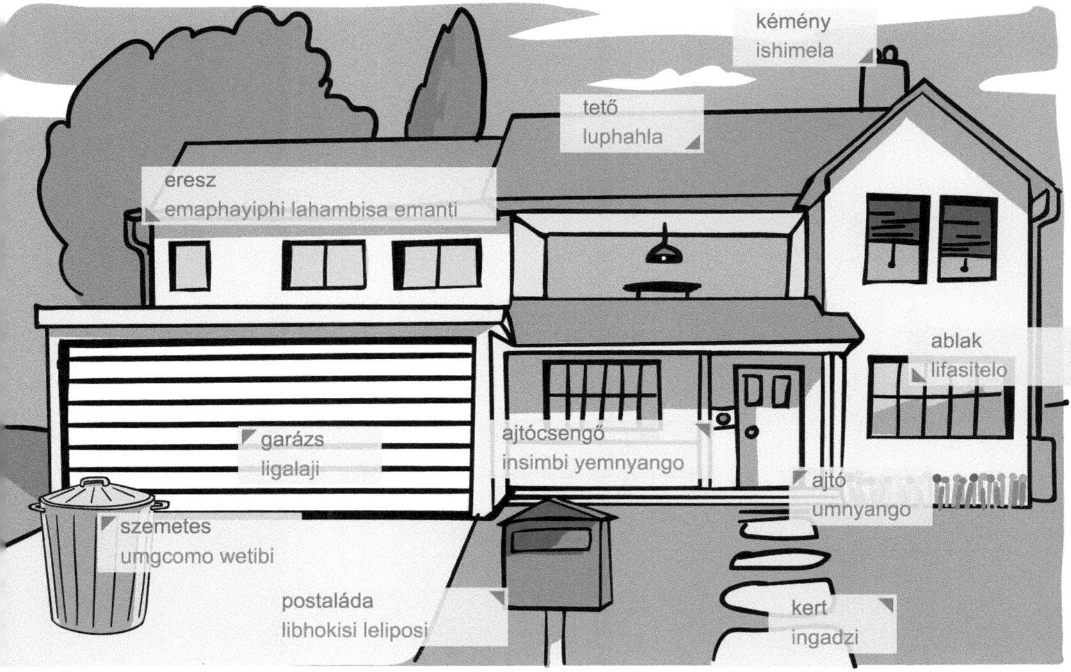
kémény
ishimela
tető
luphahla
eresz
emaphayiphi lahambisa emanti
ablak
lifasitelo
garázs
ligalaji
ajtócsengő
insimbi yemnyango
ajtó
umnyango
szemetes
umgcomo wetibi
postaláda
libhokisi leliposi
kert
ingadzi

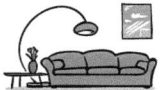

nappali
indzawo yamabonakudze

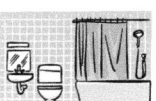

fürdőszoba
likamelo lekugezela

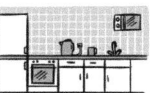

konyha
likhishi

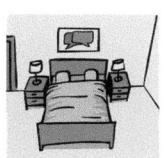

hálószoba
likamelo

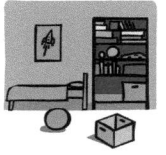

gyerekszoba
likamelo lemntfwana

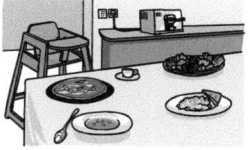

ebédlő
ligumbu lekudlela

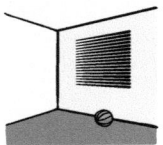

padló

siyilo

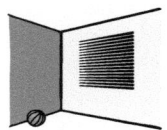

fal

lubondza

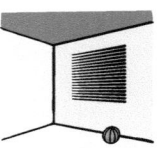

plafon

isilingi

pince

i-cellar

szauna

i-sauna

erkély

umpheme

terasz

libala

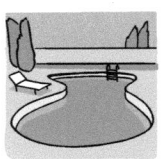

medence

lidamu lekududa

fűnyíró

umshini wetjani

lepedő

lishidi

ágytakaró

ibhedspredi

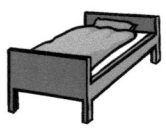

ágy

umbhedze

seprű

umshanelo

vödör

libhakede

kapcsoló

iswishi

nappali
indzawo yamabonakudze

tapéta
i-wallpaper
kép
sitfombe
lámpa
sibane
polc
lishelufa
szekrény
likhabethe
televízió
mabonakudze
kandalló
likahela
virág
imbali
párna
ikhushini
kanapé
sofa
váza
ivasi
távirányító
irimothi

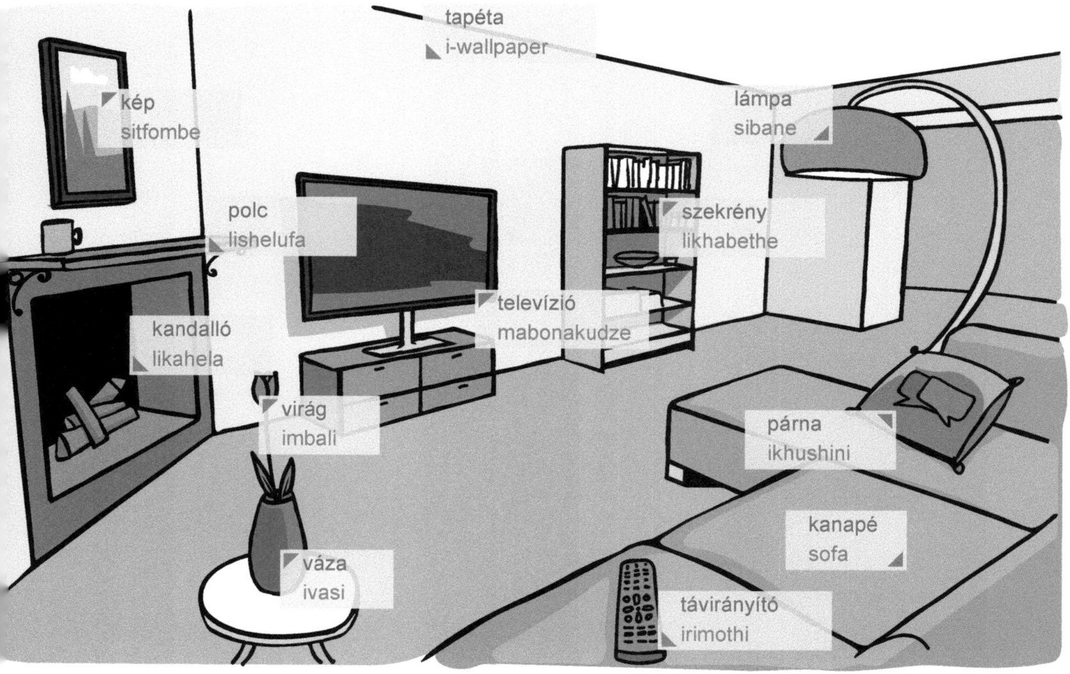

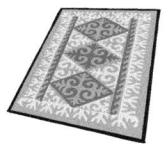

szőnyeg

imadi yendlu

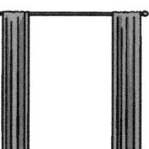

függöny

likhetheni

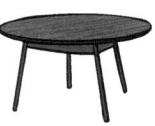

asztal

litafula

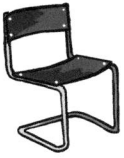

szék

situlo

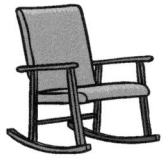

hintaszék

situlo sangephandle

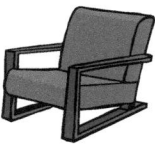

karosszék

situlosemikhono

könyv

incwadzi

takaró

ingubo

dekoráció

umhlobiso

tűzifa

tinkhuni tekubasa

film

lifilimu

hifi

igumbagumba

kulcs

tikhiya

újság

liphephandzaba

festmény

pende

poszter

likhadi laselubondzeni

rádió

iwayilensi

jegyzetfüzet

kwekutsa emaphuzu

porszívó

i-hoover

kaktusz

sitjalo lokutsiwa yi-cactus

gyertya

likhandlela

34   nappali - indzawo yamabonakudze

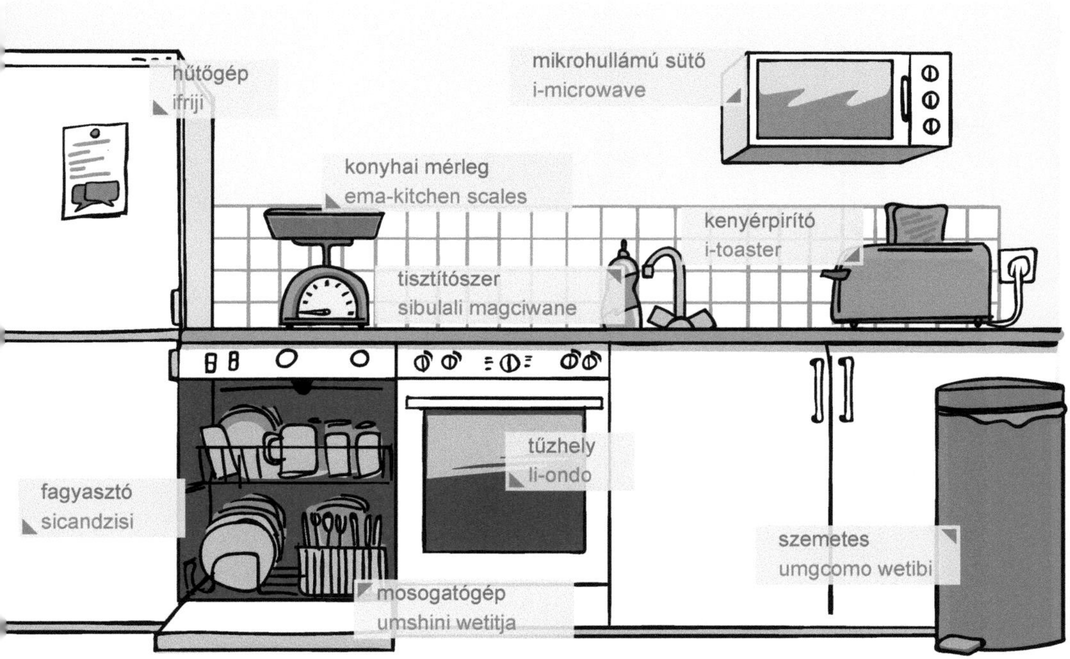

hűtőgép
ifriji

mikrohullámú sütő
i-microwave

konyhai mérleg
ema-kitchen scales

kenyérpirító
i-toaster

tisztítószer
sibulali magciwane

tűzhely
li-ondo

fagyasztó
sicandzisi

szemetes
umgcomo wetibi

mosogatógép
umshini wetitja

tűzhely

umpheki

edény

libhodvo

vasfazék

i-cast-iron pot

wok / kadai

i-wok /kadai

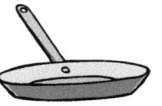

serpenyő

lipani

vízforraló

ligedlela

párós

i-steamer

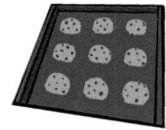

tepsi

lipani lekubhaka

étkészlet

i-crockery

bögre

imagi

tálka

indishi

evőpálcika

tindvukwana tekujuba

merőkanál

i-landle

keverőlapátka

si-spatula

habverő

i-whisk

szűrő

i-strainer

szita

i-sieve

reszelő

i-grater

mozsár

i-mortar

grillsütő

i-barbecue

kandalló

umlilo lovulekile

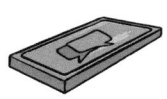

vágódeszka

libhodi lekujuba kudla

sodrófa

i-rolling pin

dugóhúzó

i-corkscrew

doboz

likani

konzervnyitó

lithulusi lekuvala likani

edényfogó

intfo yekubeka emabhodvo

mosogató

izinki

kefe

libhulashi

szivacs

sipontji

turmixgép

i-blender

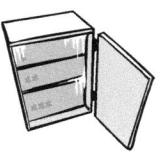

mélyhűtő

i-deep freezer

cumisüveg

libhodlela lemntfwana

csap

impompi

fürdőszoba
likamelo lekugezela

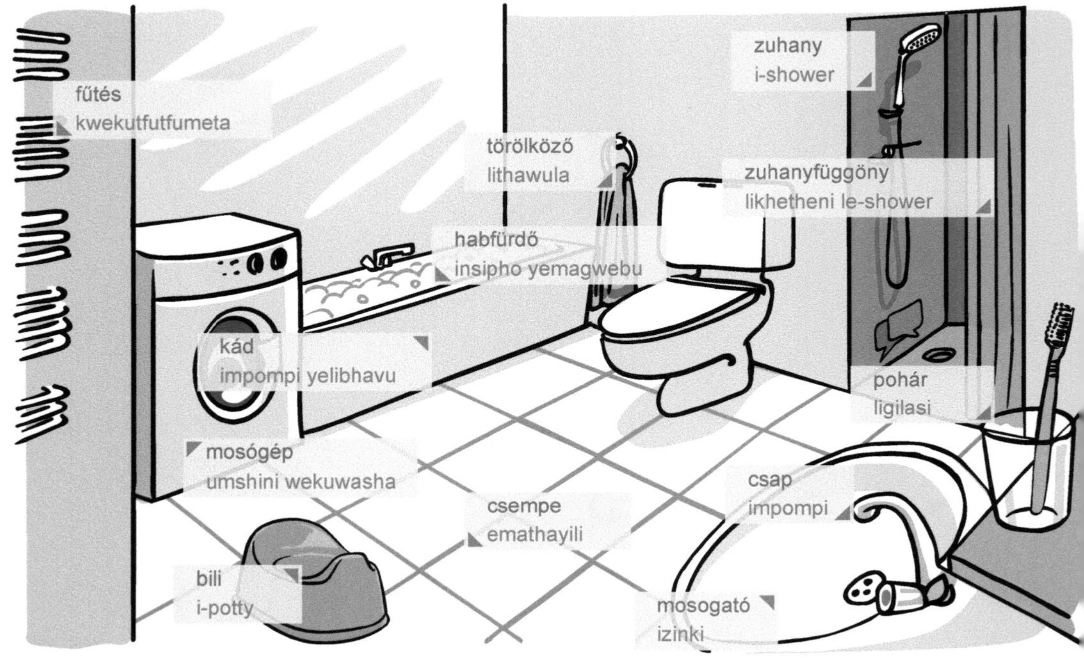

fűtés
kwekutfutfumeta
zuhany
i-shower
törölköző
lithawula
zuhanyfüggöny
likhetheni le-shower
habfürdő
insipho yemagwebu
kád
impompi yelibhavu
pohár
ligilasi
mosógép
umshini wekuwasha
csap
impompi
csempe
emathayili
bili
i-potty
mosogató
izinki

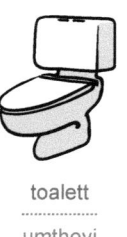

toalett
umthoyi

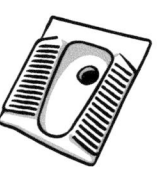

guggolós toalett
libhodvo lemthoyi

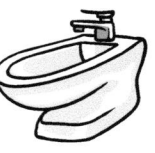

bidé
i-bidet

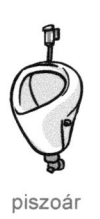

piszoár
umnchamo

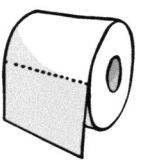

toalett papír
ithishu

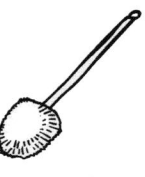

wc kefe
libhulashi lemthoyi

fogkefe

libhulashi lematinyo

fogkrém

insipho yematinyo

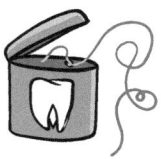

fogselyem

intsambo yekuhlanta ematinyo

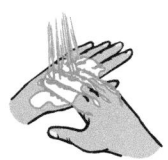

mosni

washa

kézi zuhany

liphayiphu le-shower lelibanjwa ngetandla

intimzuhany

i-douche

mosdótál

i-basin

hátmosó kefe

libhulashi lemgogodla

szappan

insipho lecinile

tusfürdő

i-gel ye-shower

sampon

insipho yemagwebu

mosdókesztyű

i-flannel

lefolyó

kwekuhambisa emanti

krém

i-cream

dezodor

emakha emakhwapha

tükör
....
sibuko

kézitükör
....
sibuko lesincane

borotva
....
i-razor

borotvahab
....
emagwebu ekushefa

borotválkozás utáni
arcszesz
....
kwegcobisa ngemuva
kwekushefa

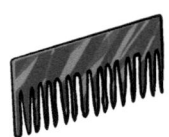

fésű
....
i-comb

hajkefe
....
libhulashi

hajszárító
....
kwekomisa tinwele

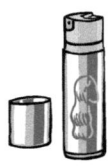

hajlakk
....
kwekufutsa tinwele

smink
....
kwekutimomonya

ajakrúzs
....
i-lipstick

körömlakk
....
pende wetingalo

vatta
....
i-cotton wool

körömvágó olló
....
sikelo setingalo

parfüm
....
emakha

neszesszer

sikhwama setintfo tekugeza

sámli

situlo

mérleg

sikali sesisindvo

köntös

kwekugcoka nawugeza

gumikesztyű

emagilavu e-rubber

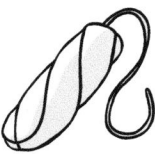

tampon

i-tampon

egészségügyi betét

lithawula lekuhlanta

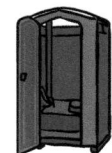

vegyi WC

imitsi yekukolobha umthoyi

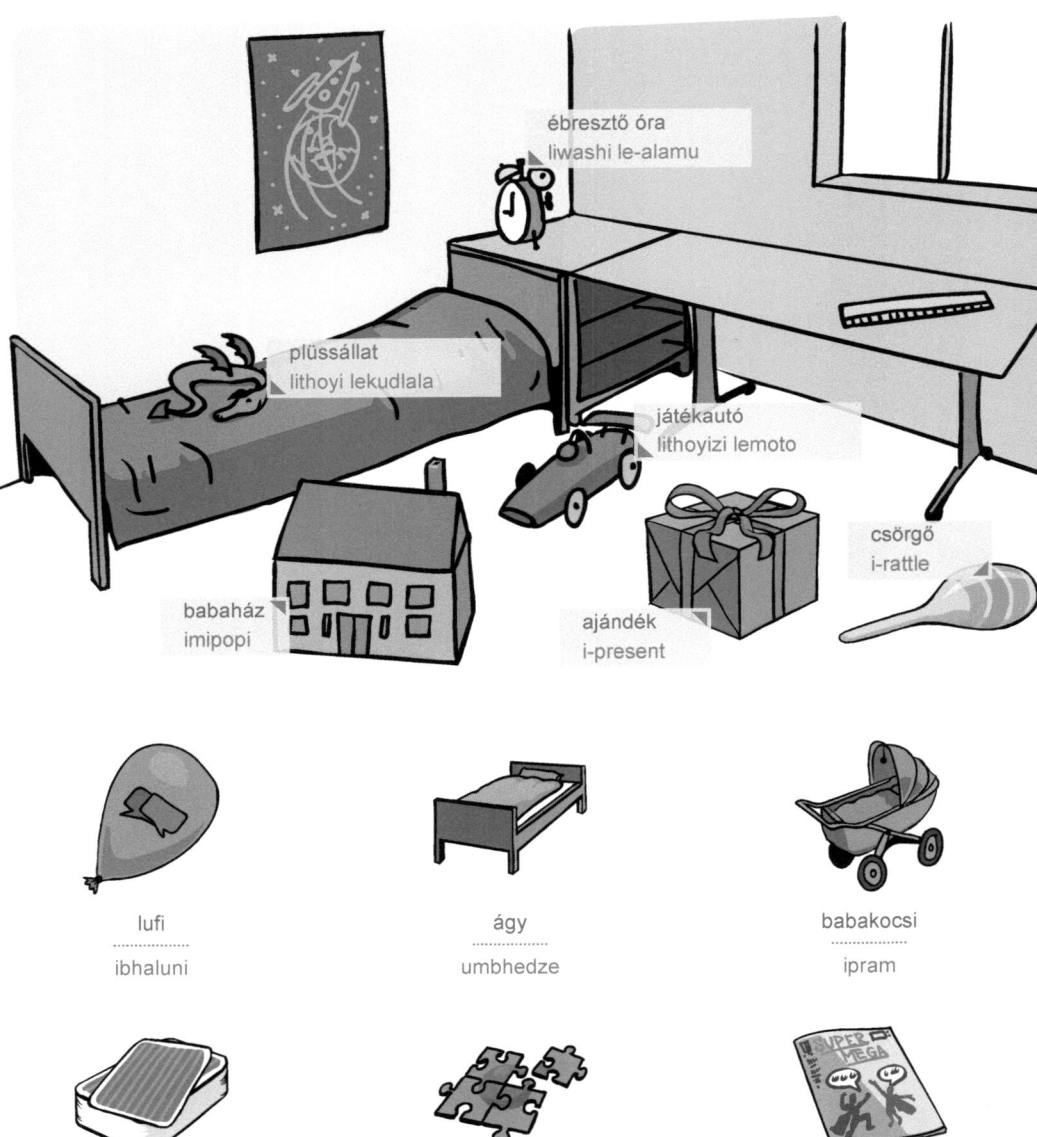

ébresztő óra
liwashi le-alamu

plüssállat
lithoyi lekudlala

játékautó
lithoyizi lemoto

csörgő
i-rattle

babaház
imipopi

ajándék
i-present

lufi	ágy	babakocsi
ibhaluni	umbhedze	ipram

kártyapakli	kirakós játék	képregény
emakhadi ekudlala	i-jigsaw	i-comic

építőkockák

emabloko e-lego

építőelem

emabloko ekwakha

szuperhős

i-actionfigure

rugdalózó

kukhula kwemntfwana

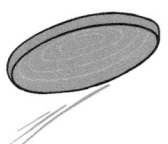

frizbi

i-frisbee

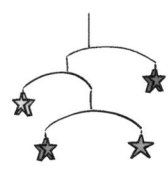

zenélő forgó

i-mobile

társasjáték

ibhodi yemdlalo

kocka

lidayisi

modellvasút

isethi yemathoyizi etitimela

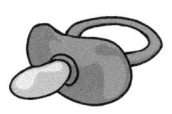

cumi

i-dummy

zsúr

i-party

képeskönyv

incwadzi yetitfombe

labda

ibhola

baba

nodoli

játszani

dlala

homokozó

umgodzi wemhlabatsi

hinta

umjikeli

játékok

emathoyizi

videójáték konzol

umshini wemdlalo wema-video

tricikli

masondvontsatfu

teddi maci

umdoli welibhele

ruhásszekrény

ihhodrobhu

ruházat
timphahla tekugcoka

zokni

emakawosi

harisnya

ema-stockings

harisnyanadrág

umtjopi

sál
sikafu

öv
libhande

esernyő
sambulelo

póló
tikibha

csizma
emabhudzi

tornacipő
timphahla tekujima

papucs
ticatfulo tasendlini

szandál
tincabule

cipő
ticatfulo

gumicsizma
emabhudzi emvula

alsónadrág
emabhuluko angephansi

melltartó
ibhodi

mellény
i-vest

ruházat - timphahla tekugcoka

45

body

umtimba

nadrág

emabhuluko

farmer

ibhokathi

szoknya

sikedi

blúz

liblawosi

ing

liyembe

pulóver

i-pullover

kapucnis pulóver

i-hoodie

blézer

libhantji

dzseki

silamba

kabát

lijazi

esőkabát

lijazi lemvula

kosztüm

i-costume

ruha

lilogo

esküvői ruha

likogo lemshado

öltöny

isudi

hálóing

i-gown yasebusuku

pizsama

emabhijamu

szári

i-sari

fejkendő

sikafu

turbán

i-turban

burka

i-burqa

kaftán

i-kaftan

abaya

i-abaya

fürdőruha

timphahla tekududa

fürdőnadrág

ema-anda

rövidnadrág

emabhuluko lamafishane

tréningruha

i-treksudi

kötény

liphinifa

kesztyű

emaglavu

gomb

inkinobho

szemüveg

tibuko

karkötő

buhlalu

nyaklánc

umgaco

gyűrű

indandatho

fülbevaló

emacici

sapka

likepisi

vállfa

i-hanger yelijazi

kalap

sigcoko

nyakkendő

thayi

cipzár

iziphu

bukósisak

sivikelo senhloko

nadrágtartó

kwekusekela sitfo semtimba

iskolai egyenruha

timphahla tesikolwa

egyenruha

inyunifomu

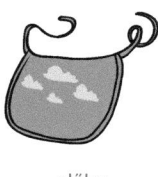

előke

i-bib

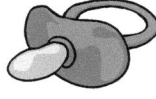

cumi

i-dummy

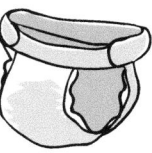

pelenka

linabukeli

iroda
lihhovisi

szerver
i-server
irattartó szekrény
likhabethe lemafayela
nyomtató
i-printer
papír
liphepha
képernyő
i-monitor
íróasztal
lideski
egér
i-mouse
mappa
intfo yekugoca
billentyűzet
i-keyboard
papír-hulladék gyűjtő
libhakede lekulahla emaphepha
szék
situlo
számítógép
ngconomshina

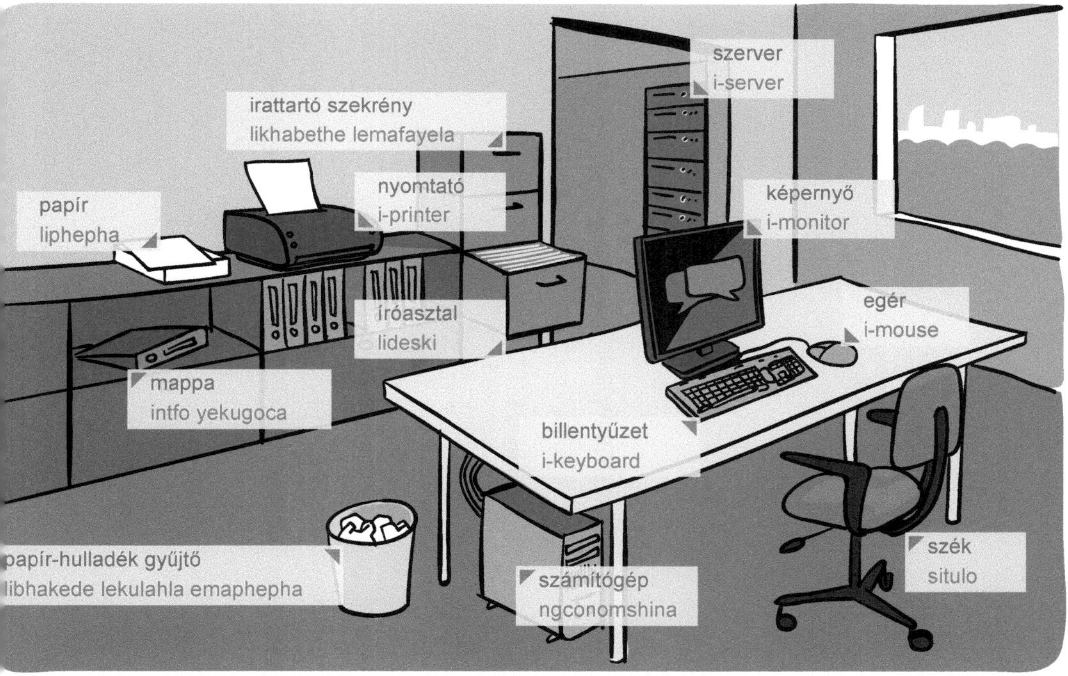

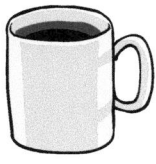

kávéscsésze

likomishi lelikofi

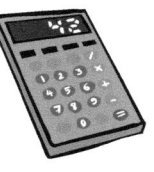

számológép

i-calculator

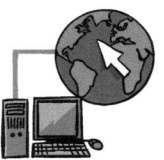

internet

i-inthanethi

laptop

i-laptop

levél

incwadzi

üzenet

umlayeto

mobiltelefon

i-mobile

hálózat

i-network

fénymásoló

umshini wekwenta emakhophi

szoftver

i-software

telefon

lucingo

konnektor

liplaliki lagesi

faxgép

umshini wekufeksa

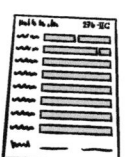

formanyomtatvány

lifomu

dokumentum

liphepha

venni

tsenga

fizetni

bhadala

kereskedni

beka imali

pénz

imali

dollár

li-dollar

euró

li-euro

jen

li-yen

rubel

li-rouble

svájci frank

i-Swiss franc

kínai jüan

i-renminbi yuan

rúpia

i-rupee

bankautomata

umshini wemali

valutaváltó iroda

i-bureau de change

arany

ligolide

ezüst

lisiliva

olaj

woyela

energia

emandla

ár

linani

szerződés

sivumelwano

adó

umtselo

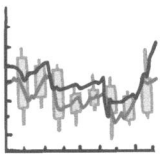

részvény

sitoko

dolgozni

sebenta

munkavállaló

sisebenti

munkaadó

umcashi

gyár

ifemu

üzlet

sitolo

foglalkozások
tikhundla

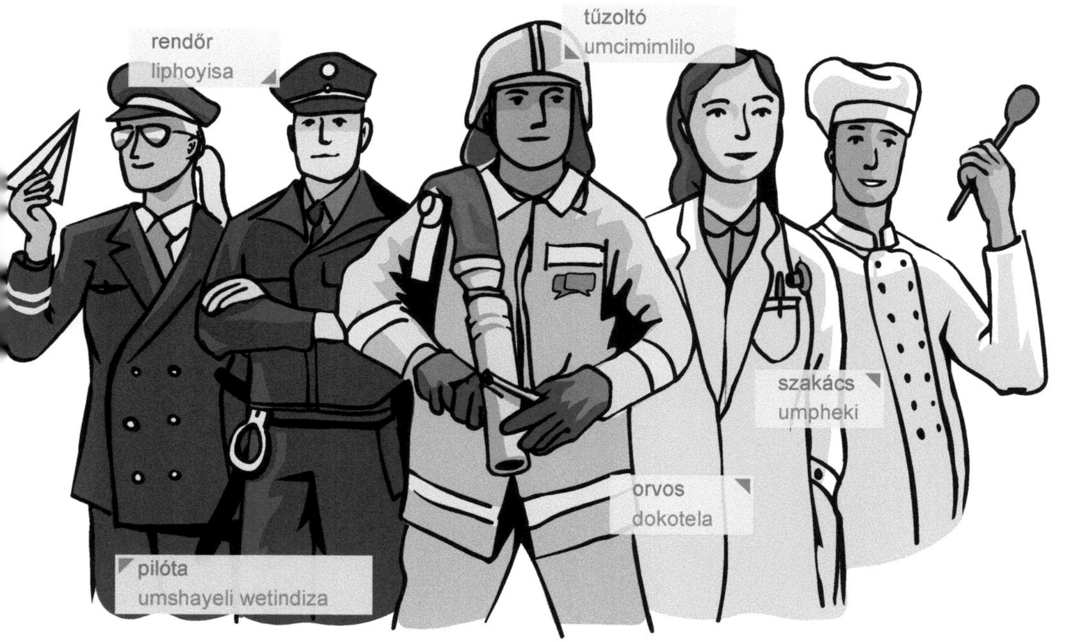

tűzoltó
umcimimlilo
rendőr
liphoyisa
szakács
umpheki
orvos
dokotela
pilóta
umshayeli wetindiza

kertész

losebenta engadzini

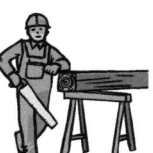

kárpitos

ummbati

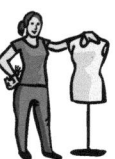

varrónő

umtfungi

bíró

mehluleli

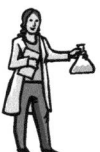

vegyész

khemisi

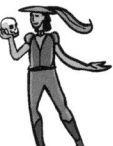

színész

umlingisi

buszsofőr

umshayeli webhasi

taxisofőr

umshayeli wekhumbi

halász

umdvobi

bejárónő

limedi

tetőfedő

umfuleli

pincér

waiter

vadász

umtingeli

festő

mapendani

pék

umbhaki

villanyszerelő

gesana

építőmunkás

meselane

mérnök

sonjiniyela

hentes

umtsengisi wenyama

vízvezeték-szerelő

somaphayiphi

postás

lohambisa liposi

katona

lisotja

építész

umdvwebi wemapulani

eladó

umtsengisi

virágos

umtsengisi wetimbali

fodrász

losebenta ngetinwele

kalauz

umbhidisi

műszerész

mekhenikha

kapitány

kaputeni

fogorvos

dokotela wematinyo

tudós

sosayensi

rabbi

rabi

imám

imam

szerzetes

monk

lelkész

umfundisi

szerszámok
emathulusi

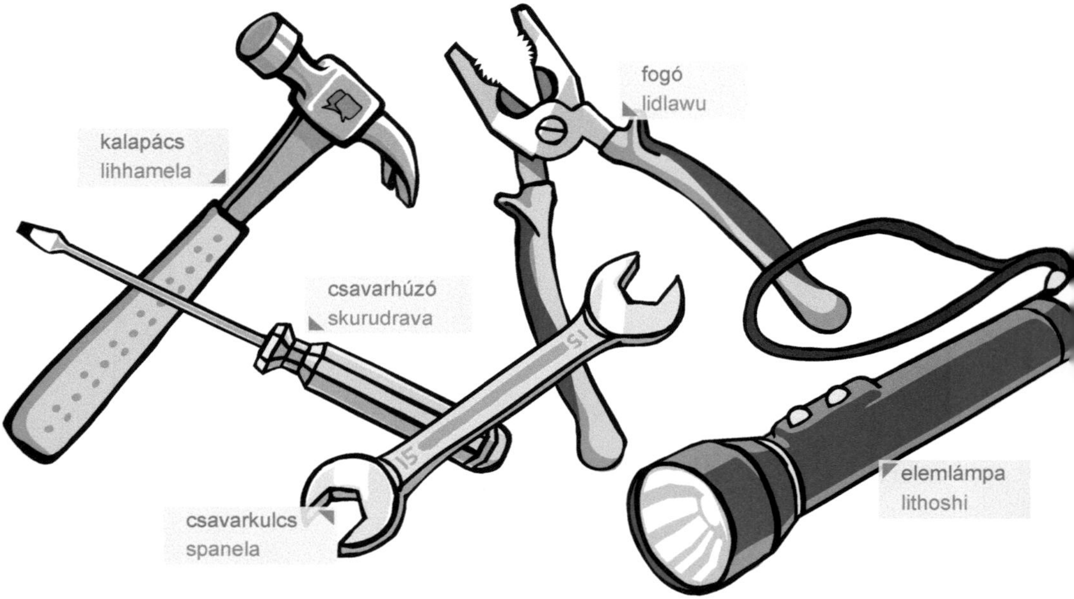
kalapács
lihhamela
fogó
lidlawu
csavarhúzó
skurudrava
elemlámpa
lithoshi
csavarkulcs
spanela

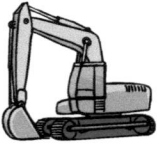

markológép

lifosholo

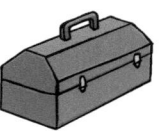

szerszámosláda

libhokisi lemathulusi

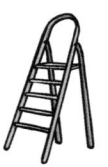

vödör

lilele

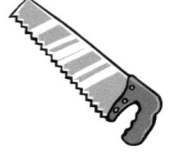

fűrész

lisaha

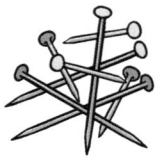

szög

tipikili

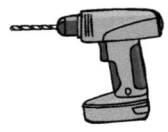

fúrógép

umshini wekwenta timbobo

megjavítani
....
lungisa

lapát
....
lifosholo

A francba!
....
i-Damni!

szemétlapát
....
lipani lekuwola tibi

festékesdoboz
....
likani lapende

csavar
....
tikruzi

hangszerek
insimbi yemculo

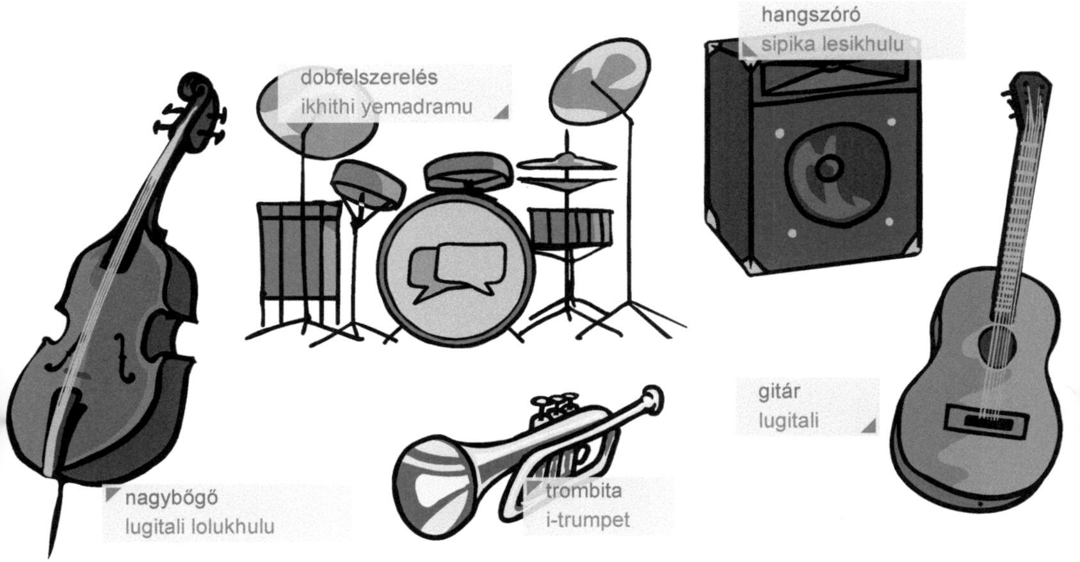

dobfelszerelés
ikhithi yemadramu

hangszóró
sipika lesikhulu

gitár
lugitali

nagybőgő
lugitali lolukhulu

trombita
i-trumpet

zongora

i-piano

hegedű

ivayolini

basszusgitár

ibhesi

üstdob

i-timpani

dobok

emadramu

digitális zongora

i-keyboard

szaxofon

i-saxohone

fuvola

ifluthi

mikrofon

umbhobho

állatkert
i-zoo

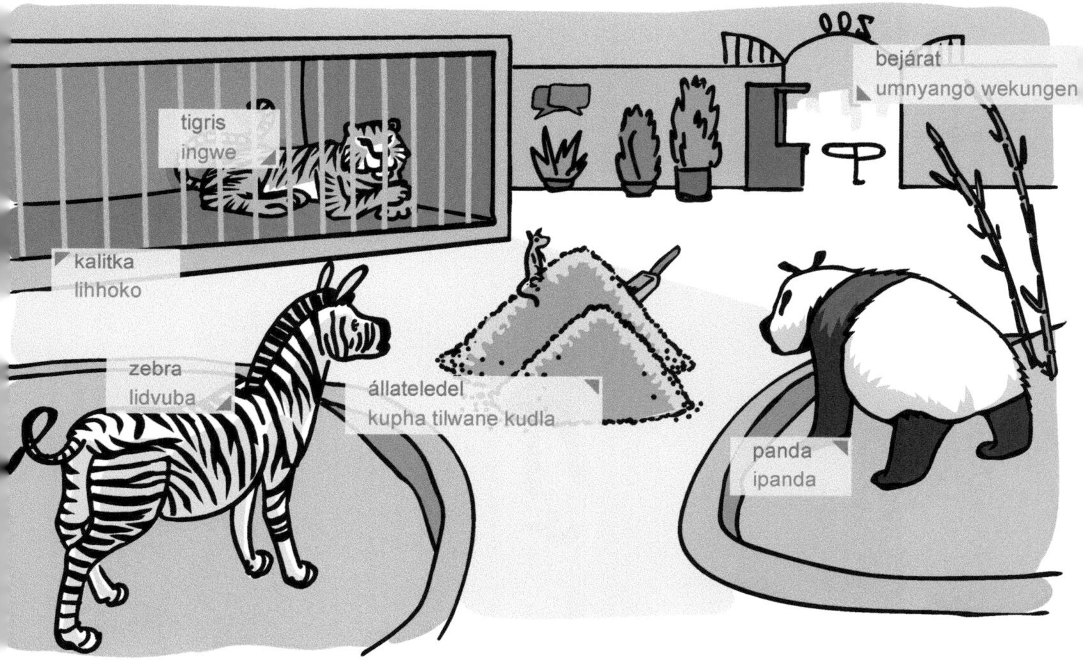
tigris
ingwe
bejárat
umnyango wekungena
kalitka
lihhoko
zebra
lidvuba
állateledel
kupha tilwane kudla
panda
ipanda

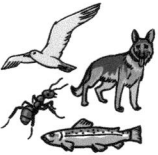

állatok
tilwane

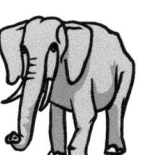

elefánt
indlovu

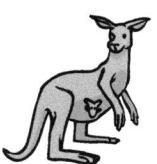

kenguru
ikangaru

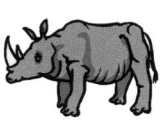

orrszarvú
bhejane

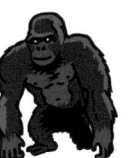

gorilla
igorila

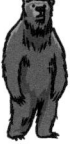

medve
libhele

teve

likamela

strucc

i-ostrishi

oroszlán

libhubesi

majom

imfene

flamingó

i-flamingo

papagáj

iparoti

jegesmedve

libhele

pingvin

iphejini

cápa

shaka

páva

iphigogo

kígyó

inyoka

krokodil

ingwenya

állatgondozó

umgcini tilwane

fóka

isili

jaguár

i-jaguar

póniló

poni

leopárd

ingwe

víziló

imvubu

zsiráf

indlulamitsi

sas

lusweti

vaddisznó

ingulube yesiganga

hal

imfishi

teknős

lifundvu

rozmár

i-warasi

róka

jakalazi

gazella

inyamatane

amerikai futball
libhola letinyawo laseMelika

kerékpározás
umdlalo wemabhayisikili

tenisz
itenesi

kosárlabda
i-basketball

úszás
kududa

boksz
umdlalo wetibhakela

jégkorong
umdlalo waselichweni

futball

libhola letinyawo

tollas

i-badminton

atlétika

tingijimi

kézilabda

libhola letandla

síelés

umdlalo wekuntjuza

lovaspóló

i-polo

ugrani
gcuma

ölelni
gona

nevetni
hleka

sétálni
hamba

énekelni
hlabela

álmodni
liphupho

dicsérni
thantaza

csókolni
cabuza

írni	rajzolni	mutatni
bhala	tsatsa	khombisa
tolni	adni	vinni
fuca	nika	tsatsa

birtokolni

tsatsa

csinálni

yenta

lenni

be

állni

sukuma

futni

gijima

húzni

dvonsa

hajít

jika

esni

wani

hazudni

cala emanga

várni

mani

vinni

tsatsa

ülni

hlala

felvenni

yembatsa

aludni

lala

felébredni

vuka

ránézni

buka

sírni

khala

simogat

shaya

fésülni

kama

beszélni

khuluma

megérteni

condza

kérdezni

buta

hallgatni

lalela

inni

natsa

enni

dlani

takarítani

gcogca

szeretni

tsandza

főzni

pheka

vezetni

shayela

szállni

ndiza

vitorlázni

ntjuza

számol

bala

olvasni

fundza

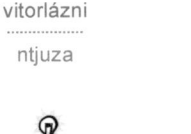

tanulni

fundza

dolgozni

sebenta

házasodni

shada

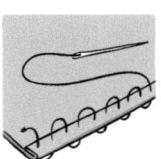

varrni

tfunga

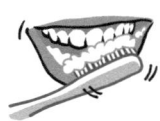

fogat mosni

kugeza ematinyo

ölni

bulala

dohányozni

bhema

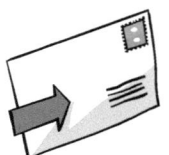

küldeni

tfumela

nagymama
gogo

nagypapa
mkhulu

apa
babe

anya
make

kisbaba
umntfwana

lány
indvodzakati

fiú
indvodzana

vendég

sivakashi

nagynéni

anti

nagybácsi

malume

fiútestvér

umnaketfu

lánytestvér

sisi

test

umtimba

homlok
siphongo
szem
liso
váll
lihlombe
ujj
umuno
arc
buso
áll
silevu
kéz
sandla
láb
umbala
mell
libele
kar
umkhono

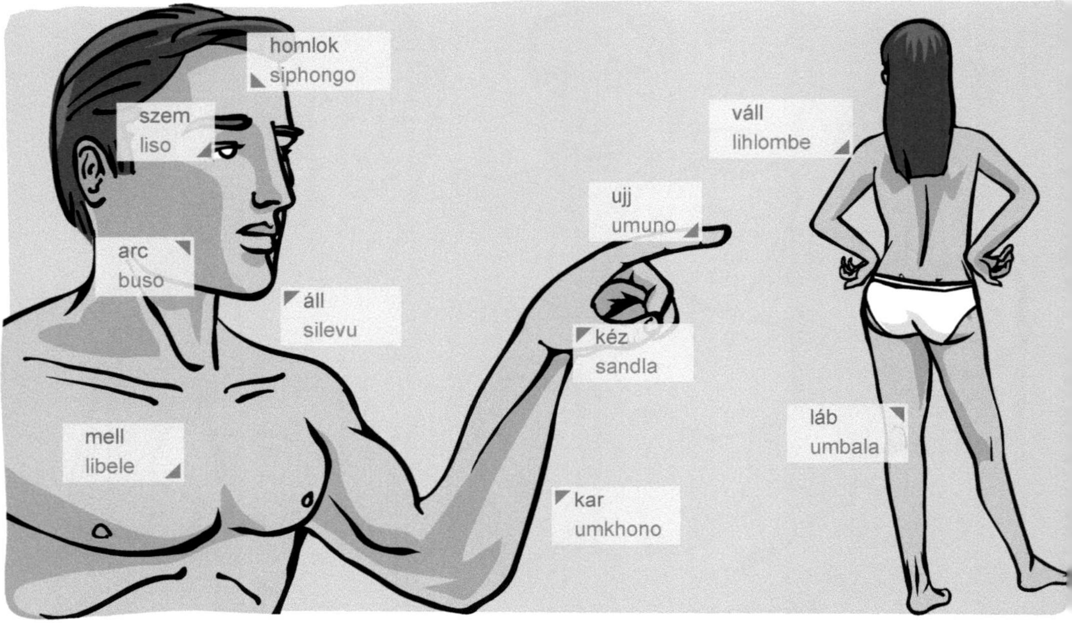

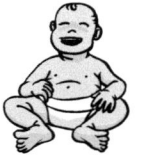

kisbaba
umntfwana

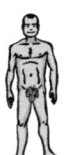

ember
indvodza

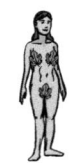

nő
umfati

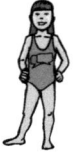

lány
intfombatane

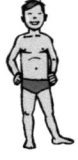

fiú
umfana

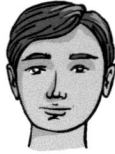

fej
inhloko

hát

emuva

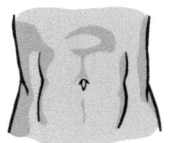

has

umkhatjana

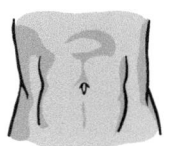

köldök

sibhono

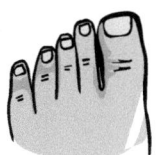

lábujj

luzwane

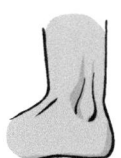

sarok

sitsendze

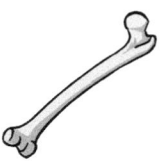

csont

litsambo

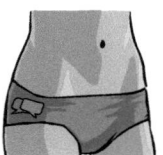

csípő

litsanga

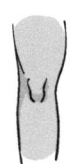

térd

lidvolo

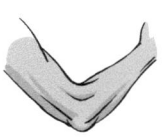

könyök

ingcosa

orr

imphumulo

fenék

entansi

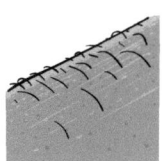

bőr

sikhumba

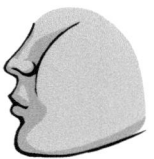

orca

sihlatsi

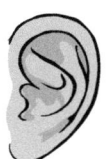

fül

indlebe

ajak

indzebe

test - umtimba

száj

umlomo

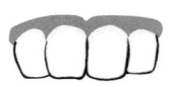

fog

litinyo

nyelv

lilimi

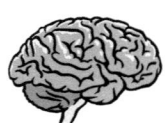

agy

bucopho

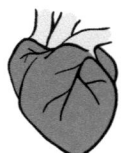

szív

inhlitiyo

izom

umsipha

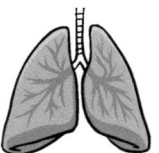

tüdő

liphaphu

máj

sibindzi

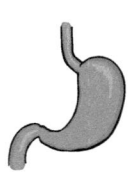

gyomor

sisu

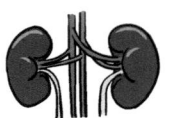

vese

tinso

szex

kulalana

kondom

lijazi lemkhwenyana

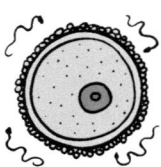

petesejt

licandza lentalo

sperma

sidvodza

terhesség

kukhulelwa

test - umtimba

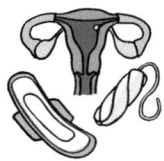

menstruáció

kuya esikhatsini

vagina

ligolo

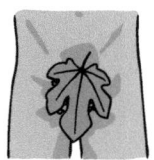

pénisz

umpipi

szemöldök

inkhophe

haj

lunwele

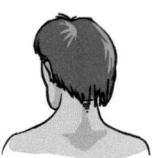

nyak

intsamo

kórház
sibhedlela

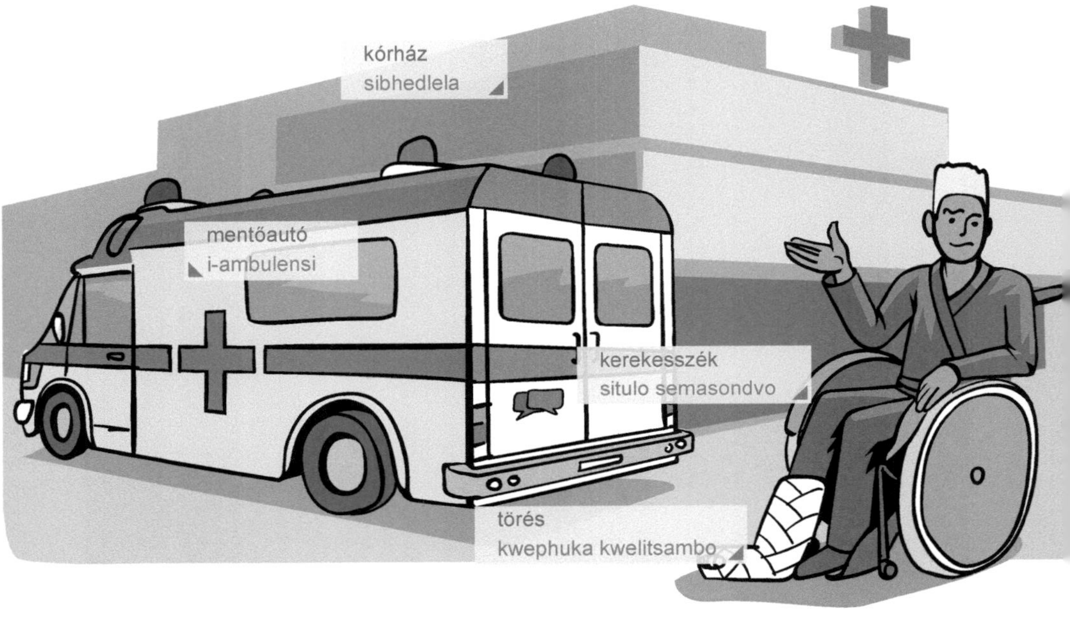

kórház
sibhedlela
mentőautó
i-ambulensi
kerekesszék
situlo semasondvo
törés
kwephuka kwelitsambo

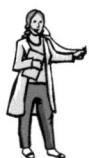

orvos

dokotela

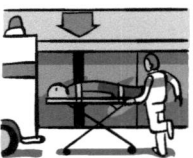

sürgősségi osztály

ligumbi letimo letiphutfumako

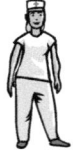

ápoló

nesi

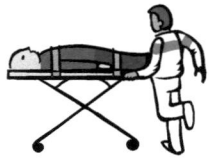

vészhelyzet

simo lesiphutfumako

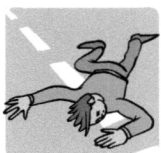

eszméletlen

kucaleka

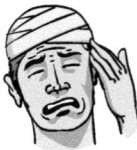

fájdalom

buhlungu

sérülés

kulimala

vérzés

kopha

szívroham

kuhlaselwa sifo senhlitiyo

szélütés

kufa luhlangotsi

allergia

i-aleji

köhögés

kukhwehlela

láz

kushisa

influenza

umkhuhlane

hasmenés

kusheka

fejfájás

kubulawa yinhloko

rák

umdlavuza

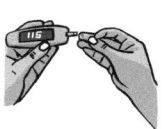

cukorbetegség

kuba nashukela

sebész

dokotela

szike

umukhwa wekusika
wabodokotela

műtét

kusikwa

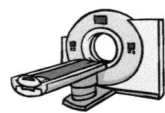

CT
i-CT

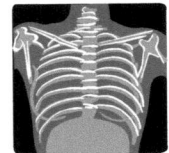

röntgen
i-x ray

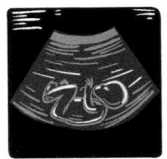

ultrahang
umsindvo

arcmaszk
sifonyo

betegség
sifo

váróterem
ligumbi lekulindza

mankó
indvuku yekuhamba

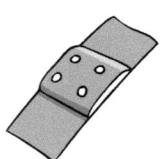

sebtapasz
i-plaster

kötszer
ibhandishi

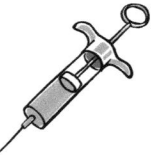

injekció
umjovo

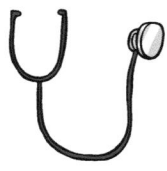

sztetoszkóp
lithulusi labodokotela
lekulalela inhlitiyo

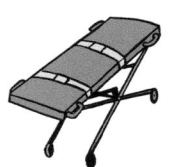

hordágy
luhlaka

klinikai hőmérő
kwekuhlola lizinga lemuntfu
lekushisa

születés
kutalwa

túlsúly
kunona kakhulu

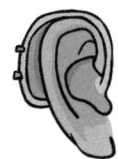

hallókészülék

tinsita tekuva etindlebeni

fertőtlenítőszer

sibulali magciwane

fertőzés

kwesuleleka ngesifo

vírus

ligciwane

HIV/AIDS

i-HIV / AIDS

orvosság

umutsi

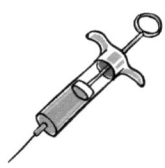

oltás

kugoma

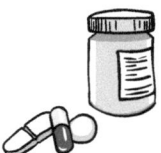

tabletták

emaphilisi

tabletta

liphilisi

sürgősségi hívás

lucingo loluphutfumako

vérnyomásmérő

sicaphi semfutfo wengati

betegség / egészség

gula / umcemane

Segítség!

Lusito!

riasztás

i-alamu

rajtaütés

kuhlukumeta

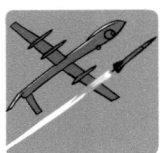

támadás

kuhlasela

veszély

ingoti

vészkijárat

umnyango wekuphuma
nakuphutfuma

tűz!

Umlilo

tűzoltókészülék

sicishamlilo

baleset

ingoti

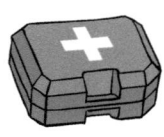

elsősegélycsomag

ikhidi yelusito lwekucala

SOS

SOS

rendőrség

emaphoyisa

Európa

i-Europe

Észak-Amerika

iNyakatfo YeMelika

Dél-Amerika

iNingizimu YeMelika

Afrika

i-Afrika

Ázsia

i-Asia

Ausztrália

i-Australia

Atlanti-óceán

i-Atlantic

Csendes-óceán

i-Pacific

Indiai-óceán

i-Idian Ocean

Déli-óceán

i-Antarctic Ocean

Jeges-tenger

i-Arctic Ocean

Északi-sark

Ligumbi laseNyakatfo

Déli-sark

Ligumbi laseNingizimu

Antarktisz

iAntarctica

föld

Umhlaba

szárazföld

indzawo

tenger

lwandle

sziget

sichingi

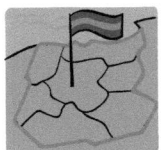

nemzet

sive

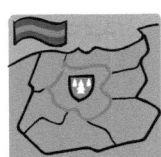

állam

umbuso

számlap

buso beliwashi

kismutató

li-awa

nagymutató

imizuzu

másodpercmutató

imizuzwana

Mennyi az idő?

sikhatsi sini nyalo?

nap

lusuku

idő

sikhatsi

most

nyalo

digitális óra

liwashi lesimanjemanje

perc

umzuzu

óra

li-awa

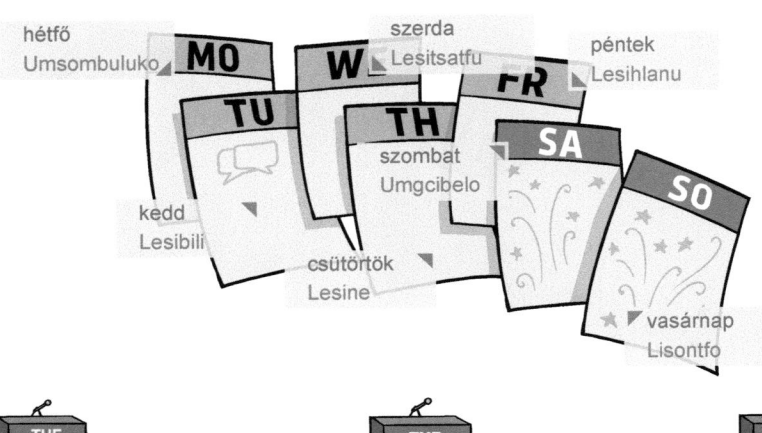

hétfő
Umsombuluko

szerda
Lesitsatfu

péntek
Lesihlanu

kedd
Lesibili

szombat
Umgcibelo

csütörtök
Lesine

vasárnap
Lisontfo

tegnap

itolo

ma

lamuhla

holnap

kusasa

reggel

ekuseni

dél

emini

este

entsambama

MO	TU	WE	TH	FR	SA	SU
1	2	3	4	5	6	7
8	9	10	11	12	13	14
15	16	17	18	19	20	21
22	23	24	25	26	27	28
29	30	31	1	2	3	4

hétköznap

emalanga emsebenti

MO	TU	WE	TH	FR	SA	SU
1	2	3	4	5	6	7
8	9	10	11	12	13	14
15	16	17	18	19	20	21
22	23	24	25	26	27	28
29	30	31	1	2	3	4

hétvége

imphelasontfo

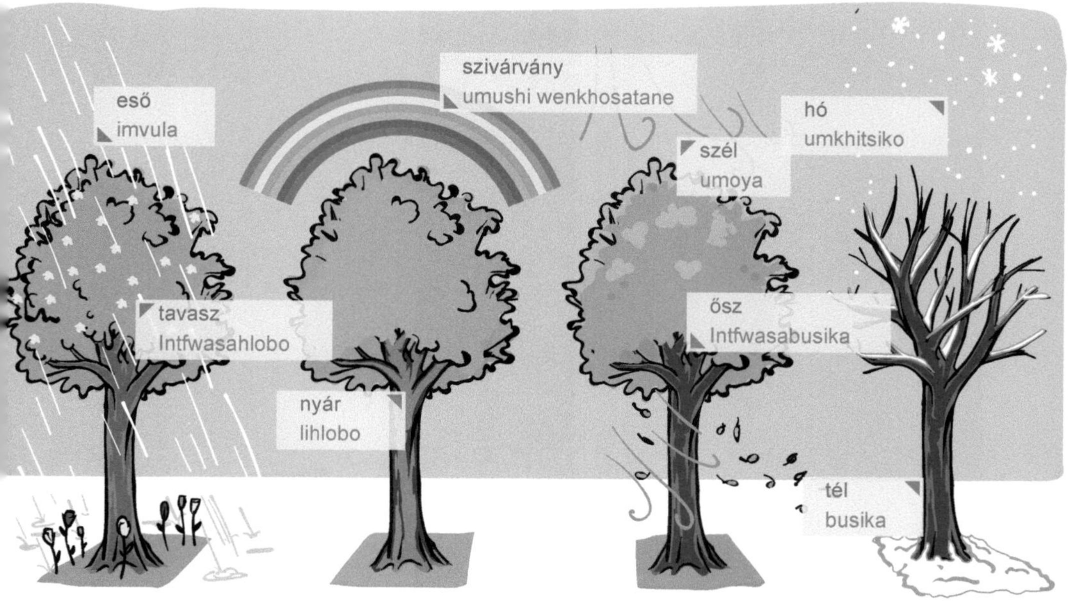

eső
imvula
szivárvány
umushi wenkhosatane
hó
umkhitsiko
szél
umoya
tavasz
Intfwasahlobo
ősz
Intfwasabusika
nyár
lihlobo
tél
busika

4.APRIL 11°
5.APRIL 4°
6.APRIL 13°
7.APRIL 8°
8.APRIL 10°

időjárás előrejelzés

simo selitulo

F C
120 40
90 30
60 20
30 10
0 0
-30 -10
-20

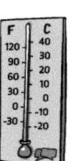

hőmérő

kwekuhlola lizinga lekushisa

napsütés

kubalela

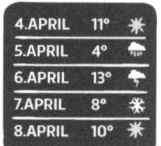

felhő

emafu

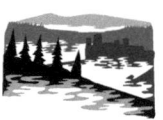

köd

inkhungu

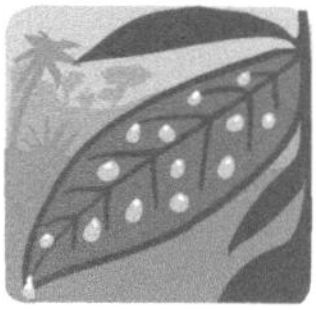

páratartalom

umswakamo

villámlás
umbane

mennydörgés
umbane

vihar
kudvuma lobunebungoti

jégeső
sangcotfo

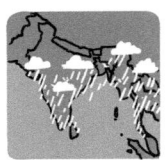

monszun
inyeti

áradás
tikhukhula

jég
lichwa

január
Bhimbidvwane

február
Indlovana

március
Indlovulenkhulu

április
Mabasa

május
Inkhwenkhweti

június
Inhlaba

július
Kholwane

augusztus
Ingci

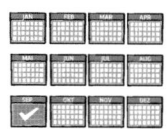

szeptember
·················
Inyoni

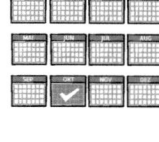

október
·················
Imphala

november
·················
Lweti

december
·················
Ingongoni

alakzatok
kubumbeka kwetintfo

kör
·················
indingiliza

négyzet
·················
sikwele

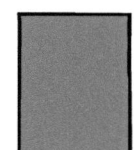

téglalap
·················
umdvwebo lonetinhlangotsi
letindze letilinganako

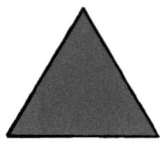

háromszög
·················
ncantsatfu

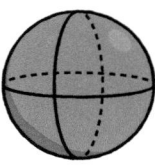

gömb
·················
i-sphere

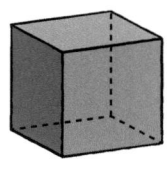

kocka
·················
ikhiyubhu

fehér
kumhlophe

sárga
phuti

narancs
sheli

rózsaszín
kupinki

piros
kubovu

lila
kunsomi

kék
luhlata

zöld
luhlata njengetjani

barna
loku-brown

szürke
mtfubi

fekete
mnyama

sok / kevés

kunyenti / kuncane

mérges / nyugodt

kutfukutsela / kwehlisa
umoya

szép / csúnya

buhle / bubi

kezdet / vég

sicalo / siphetfo

nagy / kicsi

bukhulu / buncane

világos / sötét

kukhanya / bumnyama

fivér / nővér

bhuti / sisi

tiszta / koszos

kuhloba / kungcola

teljes / nem teljes

kuphelela / kungapheleli

nappal / éjszaka

imi / busuku

halott / élő

kufa / kuphila

széles / keskeny

kubanti / kuncane

ehető / nem ehető

lokudliwako / lokungadliwa

gonosz / kedves

inhlitiyo lembi / umusa

izgatott / unott

kutsakasa / kudvumala

kövér / vékony

sidudla / umcondvo

első / utolsó

kwekucala / kwekugcina

barát / ellenség

umngani / sitsa

teli / üres

kugcwala / kute lutfo

kemény / puha

kucina / kutsamba

nehéz / könnyű

kusindza / kulula

éhség / szomjúság

kulamba / koma

betegség / egészség

gula / umcemane

illegális / legális

kungabi semtsetfweni /
kuba semtsetfweni

intelligens / buta

kuhlakanipha / bulima

bal / jobb

sencele / sekudla

közel / távol

dvutane / khashane

új / használt

lokusha / lokudzala

semmi / valami

kute lutfo / kunalokutsite

idős / fiatal

budzala / busha

be / ki

kuyasebenta / akusebenti

nyitva / zárva

kuvulekile / kuvalekile

csendes / hangos

kuthula / umsindvo

gazdag / szegény

kunjinga / kuphuya

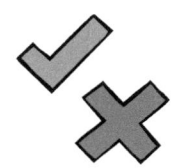

helyes / helytelen

kulungile / akukalungi

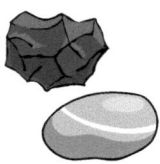

érdes / sima

kuyahhedla / kuyashelela

szomorú / vidám

kuva buhlungu / kujabula

rövid / hosszú

kufishane / kudze

lassú / gyors

kunwabuka / kushesha

nedves / száraz

kumanti / komile

meleg / hideg

kufutfumele / kusivuvu

háború / béke

imphi / kuthula

0

nulla
indilinga

1

egy
kunye

2

kettő
kubili

3

három
kutsatfu

4

négy
kune

5

öt
sihlanu

6

hat
sitfupha

7

hét
sikhombisa

8

nyolc
siphohlongo

9

kilenc
yimfica

10

tíz
lishumi

11

tizenegy
lishumi nakunye

12

tizenkettő

lishumi nakubili

13

tizenhárom

lishumi nakutsatfu

14

tizennégy

lishumi nakune

15

tizenöt

lishumi nesihlanu

16

tizenhat

lishumi nesitfupha

17

tizenhét

lishumi nesikhombisa

18

tizennyolc

lishumi nesiphohlongo

19

tizenkilenc

lishumi nemfica

20

húsz

emashumi lamabili

100

száz

likhulu

1.000

ezer

inkhulungwane

1.000.000

millió

sigidzi

angol

Singisi

amerikai angol

Singisi saseMelika

mandarin kínai

SiMandarini seseShayina

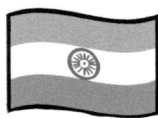

hindi

SiHindi

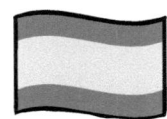

spanyol

Sipanishi

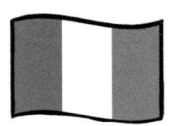

francia

SiFulentji

arab

Si-Arabu

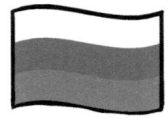

orosz

SiRashiya

portugál

SiPhuthukezi

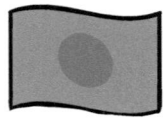

bengáli

SiBhengali

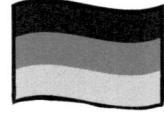

német

SiJalimane

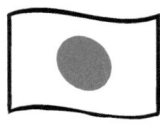

japán

SiJapane

én

Mine

te

wena

ő

yena / yona

mi

tsine

ti

nine

ők

bona

ki?

bani?

mi?

ini?

hogyan?

njani?

hol?

kuphi?

mikor?

nini?

név

libito

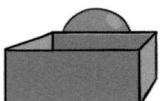

mögött

ngemuva

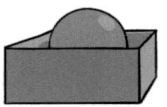

benne

ekhatsi

elŏtte

embi kwe

felette

ngenhla

rajta

etulu

alatta

ngephansi

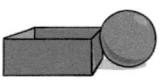

mellett

eceleni

között

emkhatsini

hely

indzawo